LA JUSTICE

ET

LES TRAITÉS

> Il n'y a de grand que ce qui est durable,
> de durable que ce qui est juste.
>
> (FERRAND.)

PARIS
IMPRIMERIE DE L. MARTINET,
2, RUE MIGNON.
1859

LA JUSTICE

ET

LES TRAITÉS.

En présence des complications européennes qui existent et qui s'accroissent, en face des espérances et des opinions flottantes, des attentes fiévreuses, des conséquences et des désirs les plus erronés provoqués par les intérêts particuliers, deux voix impatiemment attendues se sont fait entendre à la fois de la position élevée que leur assigne le prestige du pouvoir et de l'importance : ces deux voix, ce sont les discours d'ouverture du Parlement de Londres et du Corps législatif de Paris.

Le premier de ces discours s'appuie principalement sur les traités, et passe sous silence la justice; le second prend pour base la justice, et se tait sur les traités. Comme ils diffèrent aussi évidemment par les principes, ils ne peuvent également conduire qu'à des conséquences différentes sous certains rapports.

Afin de reconnaître, de comparer et d'apprécier les deux principes, nous allons les examiner tour à tour, en nous appuyant sur la vérité, l'évidence et les faits historiques.

Voici deux principes qui se présentent au monde pour juger les différends entre les nations : la justice et les traités.

Oh! quelle tristesse ne doit-elle pas s'emparer du cœur de l'homme aimant l'équité et désirant voir les maximes évangéliques appliquées aux relations internationales, quand il voit les deux principes dont il s'agit en opposition, tandis qu'ils n'auraient jamais dû être séparés, comme des vraies sœurs, comme les enfants de la même famille!

La faute de cette séparation coupable incombe indubitablement à la diplomatie contemporaine, qui, dirigée par un égoïsme politique aveugle, a substitué la violence à la justice dans les traités conclus.

La justice est une vertu. Le souffle tout-puissant du Créateur l'a placée dans le cœur de l'homme comme un atome immortel de sa propre divinité, et, parmi les autres vertus dont il l'a doué, il lui a été assigné le premier rang.

Notre divin législateur, dans sa doctrine révélée, l'a élevée encore en la plaçant au rang des devoirs chrétiens, en prescrivant son accomplissement et en stigmatisant de péché ce qui lui serait contraire. La justice a été également adoptée comme obligation sociale par toutes les législations terrestres, qui punissent sévèrement ce qui l'enfreint, comme contraire à l'ordre et à la sécurité publique.

L'opinion enfin et l'honneur bien entendu la sanctifient aussi, en vouant au mépris public quiconque la viole.

La justice n'est donc pas seulement une vertu, quelque chose de saint et d'entouré d'une auréole divine, mais de plus c'est un devoir pour tous les peuples et tous les gouvernements sous l'égide de la loi de Dieu et des lois humaines, et elle a ainsi le pas, comme découlant directement de la Divinité, sur toutes les œuvres, contrats et traités faits de main d'hommes, et imparfaits comme tout ce qui provient d'eux; sa supériorité, d'ailleurs, brille d'un éclat d'autant plus éclatant que les œuvres en question se trouvent en contradiction plus flagrante avec elle.

Que sont, de leur côté, les traités? Des arrangements internationaux, ou, pour s'exprimer plus strictement, quoique à l'aide d'un néologisme, *intergouvernementaux*, mettant fin à des querelles sanglantes ou à des complications politiques, prétendant doter les nations de la paix, destinés par conséquent à être fondés sur l'équité et à accroître la tranquillité, la confiance et l'affection entre les hommes. Conclus et promulgués *au nom de la très-sainte Trinité*, ils rayonnent d'une sorte de majesté surnaturelle. Ratifiés et signés par des personnages très-hauts et très-puissants, qui se disent régner *par la grâce de Dieu*, et qui exigent nécessairement pour eux-mêmes le respect de tous, il est bien simple que les arrangements en question, arrêtés par des aréopages aussi augustes, doivent faire espérer à l'humanité la réalisation de ses espérances et des œuvres dignes du Créateur, que les souverains prétendent représenter ici-bas, et au nom duquel ils nous parlent. Il en devrait être ainsi certainement; mais voyons un peu, et de plus près, ce que nous présente la stricte réalité.

Les traités, tels que nous les montre l'histoire, sont d'ordinaire des arrangements intergouvernementaux conclus entre un vainqueur et un vaincu. Le premier, aveuglé par la fortune et l'égoïsme politique, pose des conditions arbitraires, c'est-à-dire dures, injurieuses et humiliantes, car il compte sur sa force; le second les accepte, parce qu'il ne peut pas faire autrement. Il est clair qu'il n'est pas question de justice dans tout ceci, et que la force brutale la remplace, selon l'adage :

« La raison du plus fort est toujours la meilleure. »

Parcourons-en quelques exemples dans des époques peu éloignées de nous.

Frédéric II, profitant des brouilles et des complications européennes, commence ses brigandages en Allemagne. Il fait la guerre durant plusieurs années, et, vainqueur, ravit la Silésie à la maison d'Autriche. S'arrondissant depuis, à chaque occasion, ce héros conçoit le projet de s'enrichir des dépouilles de la Pologne. La Pologne, voilà un pays anarchique, sans finances, sans troupes, sans force régulière, défendu uniquement par la bravoure et le dévouement des individus! Ce pays ne pourra résister à une attaque combinée de ses trois voisins, et leur offrira cependant une excellente proie. Voilà les conseils de Frédéric aux deux puissances limitrophes, conseils qui font vite leur chemin, et un triple attentat sur la Pologne, en noyant sa résistance dans le sang, sans ménager celui des femmes ni des enfants, partage une population de vingt millions, habitant dans un pays chrétien, indépendant depuis dix siècles et ayant bien mérité de l'Europe. L'œuvre satanique une fois commise, on la sanctifie. Comment? Ni plus ni moins, par des traités *signés au nom de la très-sainte et indivisible Trinité!* Au milieu du silence universel des États chrétiens, c'est l'infidèle, c'est le Turc seul qui protesta énergiquement contre le crime, et qui fit honte, et à cette association de brigands couronnés, et à ces autres souverains chrétiens qui furent les témoins muets de l'assassinat d'une nation, leur sœur.

La France, paralysée par l'indolence de son roi efféminé, ne tenta, dans toute cette affaire, que quelques démarches timides; mais l'Angleterre, libre, riche, puissante, placée à la tête du progrès et de la civilisation en Europe, comment se justifiera-t-elle, s'excusera-t-elle jamais d'avoir souffert sans bouger une violation aussi inouïe de toutes les lois divines et humaines? Hélas! elle s'excusera le plus, nous le croyons, par le fait d'avoir toujours agi ainsi : témoin ses colonies, arrachées aux peuples étrangers; témoin sa possession des Indes, les spoliations qu'elle y a commises et qu'elle vient d'y commettre de nos jours, les mitraillades qu'elle y ordonne; témoin Gibraltar, surpris traîtreusement sur les Espagnols; témoin le bombardement de Copenhague, la rupture du traité d'Amiens, et jusqu'à cette guerre infâme intentée de nos jours, au sujet de l'opium, à la Chine. L'esquisse rapide que nous venons de tracer nous montre donc les grandes puissances agissant toutes d'après le même système, et nous les verrons agir ainsi également dans leurs guerres avec la France depuis la révolution de 1789 jusqu'à la chute de l'empire.

Glissant ici sur les événements déjà anciens, et qui mettent dans tout leur jour la mauvaise foi germanique, comme, par exemple, la conduite constante de la maison de Brandebourg à l'égard de ses anciens suzerains les rois de Pologne, nous rappellerons seulement quelques-uns des faits les plus connus et les plus récents qui se rapportent à la politique prussienne.

En 1791, la Pologne change sa forme de gouvernement républicaine contre des institutions monarchiques. La mémorable constitution du 3 mai se trouve patronnée par le cabinet de Berlin, qui s'engage formellement à la défendre. L'année suivante, la Russie avance ses armées pour anéantir les réformes polonaises, et la Prusse aussitôt non-seulement abandonne son allié de la veille, mais se joint à la Russie pour l'accabler et partager son héritage. En 1812, les cabinets de Berlin et de Vienne font une alliance offensive et défensive avec la France contre la Russie, mais dès l'insuccès de Napoléon, ils l'abandonnent; bien plus, ils font volte face à la France, et la combattent, en entraînant avec eux les autres petits souverains de l'Allemagne. Il n'y eut que Frédéric-Auguste, roi de Saxe, qui donna alors l'exemple honorable de la fidélité à la foi jurée et à la dignité d'un monarque. Avons-nous besoin de faire d'autres citations afin de prouver quelle est la valeur morale des traités, où la force a remplacé la justice? Et tels ont été tous les traités intergouvernementaux jusqu'ici, et nommément les traités de Vienne, dont s'étayent le discours de la couronne d'Angleterre, les opinions émises dans le Parlement, et les articles éhontés de la presse allemande, qui, au souvenir des anciens péchés de son pays, aurait mieux fait au moins de garder le silence.

La pacification universelle, telle devait être l'œuvre des arrangements du Congrès de Vienne. Dans cet aréopage imposant, où allaient se décider les destinées de l'Europe, lasse de guerres cruelles, siégeaient d'un côté l'Angleterre, l'Autriche, la Russie et la Prusse, accompagnées de leurs satellites, comme des vainqueurs, de l'autre la France toute seule, comme la puissance vaincue.

L'Europe, profondément ébranlée sur ses bases, se flattait de l'espoir, en contemplant l'auguste tribunal, et avait quelque raison de se flatter qu'en présence des dures leçons que venaient de recevoir et les rois et les peuples, la justice et les vérités évangéliques allaient présider aux décisions à prendre, et que l'œuvre du Congrès serait grande et durable.

Voyons combien leur attente fut trompée. Les juges et les accusateurs se trouvaient à Vienne d'un seul côté, et la partie accusée de l'autre; aussi les jugements furent-ils empreints d'un esprit de vengeance et d'égoïsme, les conditions imposées à la France devinrent-elles dures et injustes. On enleva à cet État les provinces rhénanes, en poussant une pointe des nouvelles possessions prussiennes jusqu'à soixante lieues de Paris; on lui reprit le pays savoisien, qui parle sa langue; on envoya son grand homme, la gloire des siècles, malgré le noble appel qu'il avait fait à la générosité du peuple britannique, périr d'une mort prématurée, sur un roc aride, au milieu de l'Océan. Le Congrès, usurpant l'omnipotence divine, prit sur lui d'exclure du trône français *à jamais* toute la famille Bonaparte! On chargea la France de contributions; on l'occupa militairement; on lui imposa un roi, qui accepta toutes les décisions des ennemis de sa patrie, en estimant plus sa couronne que la gloire de ce peuple, qualifié pour la première fois de *grand* par l'empereur déchu. Le Congrès conféra aussi la royauté à l'ancien stathouder de Hollande, puisque son fils se trouvait le beau-frère de l'empereur de Russie, le bras fort des législateurs, et on lui octroya la possession de la Belgique, arrachée à la France, et liée ainsi à des populations différant d'origine et de religion différente. Puis on enleva la Norwége au Danemark, quoique ce fût là une de ses possessions séculaires, et on la donna en récompense à un prince, Français de naissance, mais qui n'avait pas rougi de combattre dans les rangs des ennemis de son pays. Ayant doté la Hollande aux frais de la France et du continent, on la dépouilla à son tour de sa riche colonie du Cap pour en augmenter les possessions de la Grande-Bretagne, qui usurpe en même temps Malte, les îles Ioniennes et plusieurs autres territoires. La germanique maison de Habsbourg gagne la Lombardie italienne, la Vénétie, l'Illyrie; car son chef n'avait-il pas renié, au profit de la coalition, ses sentiments de famille pour fille, gendre et petit-fils? On morcela les possessions du roi de Saxe au profit de la Prusse, afin de montrer quelle doit être la punition des souverains qui osent respecter la bonne foi, la constance dans le malheur, l'honneur et leur propre dignité. La partie de la Pologne que le bras tout-puissant de Napoléon avait constituée en duché de Varsovie, par le traité de Tilsitt, et dont la valeur de ses fils avait doublé l'étendue en 1809, ayant partagé les succès aussi bien que les revers de son protecteur, se trouva tout isolée à sa chute, et comparut sans avocat comme sans appui à Vienne. Elle n'avait pour elle que Dieu et le souvenir de ses vertus guerrières, des sacrifices supportés, de la sainteté, en un mot, de sa cause. On jugea de son sort sans même l'entendre; on régla ses destinées au gré des vues et des convenances particulières de ceux qui en étaient justement les arbitres suprêmes, et, procédant à cette occasion à un quatrième partage de la Pologne, on en donna une partie à la Russie, une autre à la Prusse; mais, par un reste de pitié et de conscience, si tant est que ces mots se trouvent dans le vocabulaire de la diplomatie, en lui enlevant tout, on lui octroya cependant une aumône : cette aumône, ce fut le titre de royaume pour les nouvelles acquisitions de la Russie, avec la promesse d'une constitution, d'une armée et d'une administration séparée. La partie prussienne dut porter le titre de grand-duché de Posen, et posséder une représentation et des institutions nationales; Cracovie enfin, l'ancienne capitale des rois de Pologne et le lieu de leurs tombes, reçut une sorte d'existence privilégiée en qualité de ville libre, indépendante et neutre à perpétuité, sous le protectorat des mêmes trois cours qui avaient commis le meurtre de la Pologne.

En apercevant la signature des trois puissances en question figurer au bas de l'acte de ce quatrième partage de la Pologne, accompli aussi bien que les précédents *au nom de la très-sainte Trinité*, on aurait eu, certes, grand tort de s'étonner de même d'y voir ajoutée la signature de la France, qui n'avait de mandataire au Congrès que l'envoyé du maître qu'on lui avait imposé par la force; mais le monde a dû et doit s'étonner avec indignation à l'aspect de cette œuvre de violence et de crime ratifiée par le concours de l'Angleterre, pays libre et indépendant, qui n'avait jamais trempé antérieurement dans les spoliations dont la Pologne fut victime, et qui paraîtrait, de cette manière, ne vouloir de la liberté que pour lui-même; demandons encore, toutefois, dans cette supposition, pourquoi la Grande-Bretagne a-t-elle émancipé ses esclaves noirs et poursuit-elle le commerce qu'on en fait, tandis qu'elle signe des traités qui perpétuent l'esclavage des blancs et que sa tribune invoque aujourd'hui le respect pour ce trafic? Nous lui dirons donc ici, sans détour, qu'elle est esclave elle-même de son sordide égoïsme, puisqu'elle met les intérêts de son commerce et de sa richesse au-dessus de ceux de l'humanité et de tous les droits imprescriptibles! C'est bien là le cas de s'écrier : *Auri sacra fames!*

Après cet exposé rapide des transactions de 1815, auxquelles en appellent ceux qui ont participé aux pillages qu'elles sanctionnent et que maudissent les victimes dépouillées, il nous reste encore à examiner les fruits que ces traités ont apportés au monde et à la civilisation, et le degré de respect qu'ils ont inspiré à leurs auteurs eux-mêmes.

Dès l'année 1830, c'est la France la première qui écarte de son trône une dynastie importée par les baïonnettes étrangères, qui change ses institutions et qui reprend les couleurs qu'avaient illustrées tant de victoires. Après elle, nous voyons la Belgique secouer le joug de la Hollande et réussir à conquérir son indépendance. La Pologne se lève à son tour, combat héroïquement l'oppresseur étranger, mais succombe épuisée dans sa lutte : les ministres de l'Occident se hâtent de proclamer alors à la tribune que « l'ordre et la tranquillité sont rétablis à Varsovie », tandis qu'une vengeance implacable s'assouvit pendant un quart de siècle sur les infortunés vaincus, et qu'elle leur enlève tout, fors l'honneur d'avoir servi la meilleure des causes, sentiment qui empêche leur courage de faillir.

La Russie enlève aux Polonais leur constitution, foule aux pieds leur nationalité, propage chez eux le schisme par le knout, ferme ou démolit leurs églises catholiques, casse leurs universités et autres établissements d'instruction, spolie les bibliothèques, livre les finances et l'administration à la vénalité de ses fonctionnaires, remplit enfin de déportés les mines de l'Oural aussi bien que les déserts de la Sibérie, et envoie régulièrement des fournées de jeunes Polonais combattre les tribus libres et indomptables du Caucase.

Le grand-duché de Posen nous présente des tableaux analogues. La déloyauté traditionnelle de la maison de Brandebourg y dépouille le pays de sa nationalité, le prive de sa langue, persécute sa religion, n'y autorise pas les établissements scientifiques, fait prédominer dans les écoles la langue allemande en traitant celle du pays sur le pied des langues étrangères, baptise les villes et les villages polonais de dénominations allemandes, supprime la lieutenance du grand-duché et le traite simplement de province, abolit sa représentation en la confondant avec les assemblées législatives siégeant à Berlin ; bref, germanise de toutes ses forces un pays que les traités de 1815 et la patente d'occupation du roi de Prusse régnant alors avaient déclaré devoir jouir d'*une représentation et d'institutions nationales.*

En présentant ces tristes tableaux à nos lecteurs, nous ne pouvons nous empêcher de leur rappeler encore les tragiques événements qui se sont passés en 1846 dans la partie de la Pologne appelée Gallicie autrichienne. C'est le célèbre prince de Metternich qui en a été le héros, en faisant relâcher de prison un assassin notoire comme *Sreta*, et en lui confiant pour mission politique le massacre de la noblesse polonaise. Tout le monde sait comment celui-ci s'en est acquitté, et quel fut le prix que le gouvernement impérial-royal-apostolique promit et paya pour les têtes livrées. Le sang qui fut versé alors, c'était le sang de ces mêmes familles dont les aïeux, sous la conduite de l'immortel Sobieski, avaient sauvé Vienne et l'empire germanique : et voilà la gratitude que la cour impériale avait réservée à leurs descendants!

L'Italie et la Hongrie ont éprouvé, elles aussi, dans le temps, tous les bienfaits de cette auguste protection, et gardent au plus profond de leurs cœurs le souvenir des vengeances autrichiennes. La ville libre de Cracovie, d'autre part, n'a-t-elle pas été confisquée de nos jours au profit de l'Autriche, par une sorte de cinquième partage de la Pologne; et cependant, on hésiterait vraiment à le croire, ne vient-on pas de louer la conduite du gouvernement autrichien en Italie en plein parlement britannique!...

Mais, diront peut-être les oppresseurs et la presse allemande, leur fidèle organe, à qui la faute dans tout ceci? A la Pologne elle-même. Elle a fait une révolution, il faut bien qu'elle en subisse la peine... Mais quels sont les vrais révolutionnaires, demanderons-nous à notre tour, de ceux qui, au mépris de l'ordre naturel et des droits immémoriaux, écartèlent des nationalités et leur imposent des chaînes, ou de ces nationalités opprimées et fractionnées qui sentent leurs injures et qui cherchent à recouvrer leur héritage? Non, mille fois non, ce n'est pas la Pologne, ce n'est pas l'Italie, la Hongrie, la Bohême, qu'il faut traiter de révolutionnaires; ce sont les cabinets qui les ont opprimées. Ces nationalités, privées aujourd'hui de leur autonomie, n'ont point signé leur abdication par des traités, car personne ne signe son propre arrêt de mort : elles sont donc et seront toujours fondées à réclamer leurs droits; elles pourront toujours se soulever de nouveau dans la cause sacrée de leur indépendance, verser des torrents de sang, troubler l'ordre et la tranquillité des États européens, et bouleverser les bases de leur édifice diplomatique sans avoir ni torts ni reproches à se faire. Tous les torts pèseront sur leurs oppresseurs seuls; la lutte des nationalités, pour se relever de leur chute, aura toujours pour elle les sympathies de l'humanité, le triomphe de leurs adversaires en sera maudit. Nous demandons encore à quel autre tribunal que celui des révolutions peuvent en appeler les peuples subjugués et opprimés, puisque les aréopages monarchiques, aveuglés par l'égoïsme, restent sourds devant toutes leurs plaintes et renient la justice comme les sentiments chrétiens.

Terminons l'examen des traités de 1815 en portant nos regards sur la France, qui a rétabli chez elle l'empire en 1852 et a placé sur son trône le descendant du grand empereur. La famille Bonaparte a repris son éminente position de par la volonté nationale et en dépit des traités de 1815 : Napoléon III ne saurait donc invoquer ces derniers, qu'il a trouvés déchirés : 1° par la création du royaume de Belgique; 2° par l'annihilation de la nationalité polonaise; 3° par l'annexion de Cracovie à l'Autriche; 4° enfin, par sa propre élévation au trône. Il s'ensuit que si tous les faits que nous venons d'énumérer ont pu être soufferts par les traités de 1815, les changements qu'y pourrait provoquer encore Napoléon III, dussent-ils produire de nouveaux remaniements territoriaux en Europe, ne les altéreront pas davantage; il est du reste très-logique de sa part de ne pas les reconnaître comme loi immuable, puisqu'il se donnerait à lui-même un démenti, ainsi qu'un démenti à la France. Ces traités ne sont vraiment plus qu'une ruine, et toute l'habileté de la diplomatie ne parviendra pas à bien recoudre les déchirures de leurs parchemins ; la diplomatie, d'ailleurs, n'a-t-elle pas toujours pour ressource l'axiome : « *Reconnaissons les faits accomplis.* »

Malgré tout le respect qu'on montre donc encore dans le parlement anglais pour ces défunts traités, rappelons ce que lord Palmerston y disait lors de la confiscation de Cracovie par l'Autriche. Répondant à une interpellation de lord Dudley Stuart, d'impérissable mémoire, qui lui demandait ce que le ministère entendait faire contre cette violation des pactes internationaux, lord Palmerston déclara, entre autres, que « si ces traités n'avaient plus de valeur sur les bords de la Vistule, ils pourraient un jour ne pas en avoir davantage sur le Rhin et le Pô. » Disons, par conséquent, et répétons que les traités de 1815 ne sont plus aujourd'hui qu'une arme pour le maintien des usurpations, et que, violés par les puissants à l'égard des faibles, ils ne sauraient être invoqués désormais au bénéfice des premiers, car personne n'osera soutenir qu'on puisse conserver les avantages, quand on ne subit pas les charges d'un contrat.

Prétendre le contraire, ce serait prétendre qu'une chose est et n'est pas dans un lieu et un temps donnés, ce qui offense à la fois la logique, le bon sens et l'évidence ; aussi peut-on dire des traités de 1815, que comme règle internationale, ils sont en quelque sorte comme non existants, et Napoléon III, dans son discours au Corps législatif, avait bien raison de n'en faire aucune mention, en acceptant pour unique base de sa conduite *la justice*, et en faisant entendre aux autres, que la loi des traités s'est survécu et a été déchirée de la main de ses auteurs , qu'il faut donc accepter pour loi la justice et régler l'Europe d'après ses prescriptions.

Pourquoi la justice, ce droit divin et éternel, offusque-t-elle autant les cabinets allemands et soulève-t-elle la colère de leur presse ? Ce n'est que parce que, au nom de ce droit, il s'agirait de procéder à des restitutions du bien usurpé et à l'indemnisation des parties lésées.

S'appuyer sur des traités, devenus nuls, afin de ne pas laisser échapper de ses mains ce que le vrai propriétaire réclamerait au nom de la justice, et condamner pour cela la justice en présence de traités en quelque sorte non existants, c'est de la violence manifeste, c'est du non-sens, c'est une idée païenne.

Se régler sur la justice, en l'absence de traités effectifs et suffisants pour satisfaire les besoins et les exigences de l'humanité, voilà la seule idée raisonnable, voilà l'idée chrétienne.

La presse allemande s'étonne et s'effraye en entendant l'empereur des Français faire une mention affectueuse au sujet de l'empereur de Russie, avec lequel il a été d'acord, dit-il, sur toutes les questions pendantes. La même presse s'étonne encore que les journaux russes repoussent et persiflent, dans leurs raisonnements souvent justes, cette base des traités.

Nous, nous partageons en partie les craintes en question, très naturelles à tout le système des usurpations germaniques, mais nous ne partageons guère l'étonnement de leur presse, et nous nous réjouissons au contraire de voir la Russie, un homme de progrès à la tête, pénétrer dans les voies de la civilisation chrétienne, et certes là, où sur un geste de souverain généreux cinquante millions de serfs voient tomber leurs fers, on pourrait s'attendre à voir les affaires internationales présidées également par un esprit de justice.

Ce principe salutaire de la justice mettra fin une fois, nous l'espérons, à l'oppression des nationalités et aux blasphèmes de la diplomatie forgeant des chaînes pour les peuples, au nom de la très-sainte Trinité et des monarques par la grâce de Dieu. Tous les droits injustement ravis à ces nationalités devront leur être restitués, en dépit des cabales de la Germanie et des colères ridicules de sa presse; car ces nationalités sont les filles majeures et légitimes du Créateur, et n'ont pas besoin d'autre protecteur que lui.

Nous n'allons pas nous livrer ici, ni à l'examen, ni aux suppositions concernant la question flagrante : « Y aura-t-il paix, ou y aura-t-il guerre ? » Ce dilemme, ce sont les cours allemandes qui le résoudront ; car si elles acceptent le principe chrétien, qui est celui de Napoléon III, elles auront doté le monde de la paix, si au contraire elles s'en tiennent à leurs vieux principes païens, elles provoqueront la guerre. L'empereur des Français ne les suivra pas dans cette voie.

Quelques-uns prétendent que ce dernier a le projet de créer un amphictyonat européen, ce dont certains journaux allemands ne parlent qu'avec ironie; et si cette idée pouvait en effet prévaloir dans les relations internationales, l'humanité n'aurait qu'à s'incliner devant elle, car elle mettrait fin à toutes les querelles sanglantes que l'épée seule décide jusqu'à présent, et qui ouvre le champ à la cupidité des conquêtes, au mépris et à l'oppression des nationalités, à toutes les roueries enfin de la diplomatie. Mais cette idée, noble, grande et chrétienne, empruntée à l'ancienne Grèce, peut-elle se traduire en fait aujourd'hui, rien que par le consentement libre et mutuel des puissances ? Il est certes permis d'en douter, car il faudrait d'abord écarter les principaux obstacles qui s'y opposent, et qui proviennent de leurs intérêts les plus sensibles.

Ces obstacles ne sont autre chose que les usurpations, qu'il s'agirait d'abord de restituer, et l'oppression des nationalités, auxquelles ample justice devrait être faite. Où se trouvent ces usurpations?

C'est aux cours germaniques et à la presse allemande d'y répondre; quant à nous, qu'il nous soit permis seulement d'affirmer que c'est en Allemagne que réside toujours la principale difficulté à la réalisation de l'idée chrétienne. La nation allemande est prodigieusement *égoïste*, et soit que nous la considérions dans les individus dont elle se compose, soit dans son ensemble comme grand corps organique, nous n'avons qu'à toucher chez elle la corde de l'intérêt pour découvrir tout de suite un égoïsme aussi absolu qu'injuste et une cupidité vraiment insatiable et païenne.

Si un esprit d'égoïsme s'est formé aussi en Angleterre, à la suite du mouvement de son commerce, toujours armé, puissant et lui donnant jusqu'à des habitudes de corsaire, un esprit semblable a dû se développer chez le peuple germanique, par la raison principale qu'il ne lui a pas été donné de se confondre jamais dans une unité nationale. Partagée entre trente-huit souverains, qui représentent autant d'intérêts distincts et personnels, servant cette diversité d'intérêts, la nation allemande n'est pas parvenue à s'élever à une idée nette de l'intérêt général et à la haute position de nation chrétienne qui, tout en reconnaissant sa dignité et ses droits, les reconnaîtrait également chez les autres peuples.

Le peuple allemand, occupant presque le centre du continent européen, ne saurait influer, à la suite de son système païen, que de la manière la plus funeste sur les affaires de la civilisation générale et du véritable progrès, progrès qu'il ne faut pas voir dans les merveilles de la vapeur et du télégraphe électrique, ni dans les autres inventions servant le matérialisme, mais bien dans la moralisation chrétienne, dont la base vraie, unique et durable est la justice.

De même qu'on avait entouré la France d'un cordon militaire en 1815, pour qu'elle ne pût propager au dehors ses principes de 1789, de même il faudrait que l'Allemagne, une fois renfermée dans ses limites naturelles, fût gardée en quelque sorte de toutes parts, afin que son idée païenne se renfermât au moins chez elle, si tant est qu'elle n'a pas la force de s'en défaire.

Voilà donc les deux idées qui se trouvent encore aujourd'hui en plein antagonisme, et dont nous avons cherché à apprécier la valeur morale par des faits historiques incontestables : ce sont les traités et la justice! Elles se présentent l'une à côté de l'autre devant l'humanité, et devant ceux que la Providence a préposés à ses destinées : l'une, sous la figure d'un ange rayonnant de clartés divines et portant le flambeau de la vérité; l'autre sous celle de Satan, représentant de l'enfer, du mensonge et de l'hypocrisie, revêtu de parures séductrices, objet de désirs pour l'ambition et la cupidité. Pourrait-on hésiter ici dans le choix? Oh! puisse la balance des destinées européennes pencher du côté céleste, où nous attendent le salut et l'amour! Ce n'est qu'alors que le royaume de Dieu sur la terre, que la chrétienté demande dans ses prières de chaque jour, exercerait sa domination, et que la diplomatie, sortant des souterrains actuels, suivrait les voies droites du Seigneur en vraie prêtresse consacrée à son service. Nous voudrions la voir telle, car telle elle aurait dû être toujours. Sont-ce là seulement nos *pia desideria?* Le temps nous l'apprendra.

En terminant ce petit écrit, nous ne devons pas cacher la profonde pitié qu'excite en nous l'état fiévreux de tous ces industriels, trafiquants, bourgeois enrichis, spéculateurs, boursiers et autres joueurs, qui placent leurs sordides intérêts au-dessus de la cause sacrée de l'humanité et du progrès de la civilisation chrétienne. Toutes ces fractions de la société, noyées dans la boue du matérialisme, et qui sont un vrai cancer social, nous paraissent de beaucoup trop petites et trop bas placées pour que leurs cris et leurs lamentations puissent détourner les affaires européennes de la voie naturelle où elles viennent d'entrer, et où de graves événements politiques se préparent. Pour rassurer, ou, s'il se peut, pour convertir les malades de cette classe, nous leur citerons les paroles suivantes, prononcées dans les circonstances actuelles par un homme d'État distingué en France : « Il est un danger plus grand que les éventualités de la guerre : c'est de voir les esprits, inclinés vers les intérêts matériels, oublier les traditions de l'honneur et du patriotisme, les devoirs de la justice et les droits de la vérité. »

Écrit à Vienne (Autriche) vers la fin de février 1859.

N.....

www.ingramcontent.com/pod-product-compliance
Lightning Source LLC
LaVergne TN
LVHW010411240826
846091LV00020B/3634

* 9 7 8 2 0 1 6 1 2 3 6 2 1 *